Matthias Fiedler

Konceptet innovativ matchningstjänst för fast egendom: Fastighetsförmedling på ett enkelt sätt

Matchningstjänst för fast egendom: Effektiv, enkel och professionell fastighetsförmedling genom en innovativ matchningsportal

Impressum

1:a upplaga som tryckt bok | februari 2017
(Ursprungligen utkommen på tyska, december 2016)

© 2016 Matthias Fiedler

Matthias Fiedler
Erika-von-Brockdorff-Str. 19
41352 Korschenbroich
Tyskland
www.matthiasfiedler.net

Produktion och tryck:
Se sista sidan

Omslagsformgivning: Matthias Fiedler
Framställande av e-bok: Matthias Fiedler

Eftertryck förbjudes.

ISBN-13 (pocketbok): 978-3-947082-24-7
ISBN-13 (e-bok mobi): 978-3-947082-25-4
ISBN-13 (e-bok epub): 978-3-947082-26-1

Bibliografisk information från Deutsche Nationalbibliothek:
Deutsche Nationalbibliothek förtecknar denna publikation i den
tyska nationalbibliografin; detaljerade bibliografiska uppgifter
finns att hämta via http://dnb.d-nb.de.

INNEHÅLLSREDOGÖRELSE

I den här boken förklaras ett revolutionerande koncept för en världsomfattande matchningsportal för fast egendom (app – applikation) med beräkning av dess avsevärda omsättningspotential (miljarder euro), som integreras i ett program för fastighetsmäklare med fastighetsvärdering (biljoner i omsättningspotential).

Detta gör det möjligt att på ett effektivt och tidsbesparande sätt förmedla kommersiell och privat egendom, för egen användning eller uthyrning. Detta är framtiden för innovativ och professionell fastighetsförmedling för alla fastighetsmäklare och fastighetsspekulanter. Fastighetsmatchning fungerar i så gott som alla länder och till och med landsövergripande.

Istället för att "föra" fast egendom till köpare eller hyresgäster, kvalificeras dessa fastighetsspekulanter (genom en sökprofil) via matchningsportalen och stäms av och sammankopplas med fastighetsmäklarnas tillgängliga objekt.

INNEHÅLL

FÖRORD

Jag fick idén om denna innovativa matchningstjänst för fast egendom 2011 och har tänkt igenom och utvecklat den noga.

Jag är verksam inom fastighetsmäklarbranschen sedan 1998 (bland annat fastighetsförmedling, köp, sälj, värdering, uthyrning och fastighetsutveckling). Jag är bland annat certifierad mäklare (IHK), diplomerad fastighetsekonom (ADI) och expert inom fastighetsvärdering (DEKRA), liksom medlem i den internationellt erkända fastighetsorganisationen Royal Institution of Chartered Surveyors (MRICS).

Matthias Fiedler
Korschenbroich, den 31/10-2016
www.matthiasfiedler.net

1. Konceptet innovativ matchningstjänst för fast egendom: Fastighetsförmedling på ett enkelt sätt

Matchningstjänst för fast egendom: Effektiv, enkel och professionell fastighetsförmedling genom en innovativ matchningsportal

Istället för att "föra" fast egendom till köpare eller hyresgäster, kvalificeras dessa fastighetsspekulanter (genom en sökprofil) via matchningsportalen (app – applikation) och stäms av och sammankopplas med fastighetsmäklarnas tillgängliga objekt.

2. Mål för potentiella köpare eller hyresgäster samt säljare av fast egendom

För en säljare eller hyresvärd är det viktigt att försäljningen eller uthyrningen går snabbt och sker till ett så högt pris som möjligt.

För en potentiell köpare eller hyresgäst är det viktigt att hitta ett objekt som passar ens önskemål samt att det går snabbt och problemfritt att köpa eller hyra.

3. Tidigare tillvägagångssätt vid sökning av fast egendom

Som regel tittar potentiella köpare och hyresgäster efter objekt i önskat område via stora fastighetssöktjänster online. Där kan de få objekt respektive listor över länkar till objekt skickade till sig per e-post, efter att ha upprättat en kort sökprofil. Detta sker ofta på 2-3 sökportaler. Sedan kontaktas tillhandahållarna som regel per e-post. Härmed får tillhandahållarna möjlighet och tillåtelse att kontakta de potentiella köparna och hyresgästerna.

Dessutom kontaktar de sökande i enstaka fall fastighetsmäklare i den önskade regionen och lämnar sin sökprofil till dem.

Tillhandahållarna på dessa fastighetsmäklarportaler är såväl privata som yrkesmässiga. Yrkesmässiga tillhandahållare är övervägande fastighetsmäklare och delvis byggföretag och andra fastighetsbolag (i texten betecknas yrkesmässiga tillhandahållare som fastighetsmäklare).

4. Nackdel med privata säljare/fördel med fastighetsmäklare

Vid försäljning av fast egendom är från privata säljares sida inte alltid en omedelbar försäljning garanterad, exempelvis vid en ärvd fast egendom där arvtagarna inte är eniga eller om arvsintyget fattas. Vidare kan ouppklarade rättsliga förhållanden såsom besittningsrätt försvåra en försäljning.

Vid uthyrning av fast egendom kan det förekomma att privata hyresvärdar inte har de officiella tillstånd som krävs, exempelvis när en kommersiell fastighet (-yta) ska hyras ut som bostad.

När en fastighetsmäklare fungerar som tillhandahållare har denna som regel rett ut dessa aspekter. Därutöver finns ofta alla relevanta fastighetshandlingar (planritning, situationsplan, energicertifikat, fastighetsregister, officiella handlingar etc.). – Detta möjliggör en försäljning eller uthyrning utan komplikationer.

5. Matchningstjänst för fast egendom

För att snabbt och effektivt uppnå en matchning mellan säljare/hyresvärdar och potentiella köpare/hyresgäster är det som regel viktigt att erbjuda en systematiserad och professionell metod.

Det sker här genom en omvänd strategi/process när det gäller sökningar mellan fastighetsmäklare och potentiella köpare och hyresgäster. Det vill säga, istället för att "föra" fast egendom till köpare eller hyresgäster, kvalificeras dessa fastighetsspekulanter (genom en sökprofil) via matchningsportalen (app – applikation) och stäms av och sammankopplas med fastighetsmäklarnas tillgängliga objekt.

Som ett första steg lägger de sökande in en konkret sökprofil i fastighetsmatchningsportalen. Denna sökprofil innehåller cirka 20 parametrar.

Bland annat följande parametrar (ingen fullständig uppräkning) är viktiga för sökprofilen.

- Region/postnummer/ort
- Objekttyp
- Tomtstorlek
- Bostadsyta
- Köpesumma/hyreskostnad
- Byggnadsår
- Våningsplan
- Antal rum
- Uthyrd (ja/nej)
- Källare (ja/nej)
- Balkong/terrass (ja/nej)
- Uppvärmningssätt
- Parkeringsplats (ja/nej)

Härvid är det viktigt att inte skriva in parametrarna fritt. Istället ska man välja dem genom att klicka resp. öppna de olika parameterfälten (t.ex. objekttyp) från en lista med fastställda möjligheter/alternativ (för objekttyp kan man exempelvis välja: lägenhet, enfamiljshus, lagerlokal, kontor etc.).

De sökande kan eventuellt skapa flera sökprofiler. Det går även att ändra sökprofilen.

Vidare lägger den sökande in fullständiga kontaktuppgifter i de angivna fälten. Dessa uppgifter innefattar för- och efternamn, gata, husnummer, postnummer, ort, telefon och e-postadress.

I samband med detta godkänner de sökande att deras kontaktuppgifter samlas in samt att uppgifter om passande objekt skickas till dem från fastighetsmäklare.

Därutöver ingår de sökande ett avtal med matchningsportalens operatör.

I nästa steg finns sökprofilerna tillgängliga för de anslutna fastighetsmäklarna via ett gränssnitt för

16

tillämpningsprogram (API) - jämförbart med exempelvis "openimmo" i Tyskland – men är ännu inte synliga. Här kan nämnas att detta API – så gott som nyckeln för omsättningen – bör stödja närapå alla befintliga fastighetsmäklarprogram resp. säkerställa överföringen. Om så inte är fallet, bör detta möjliggöras tekniskt. – Då det redan finns gränssnitt för tillämpningsprogram såsom "openimmo" och andra som används, bör en överföring av sökprofilerna vara möjlig.

Nu jämför fastighetsmäklarna sina tillgängliga objekt med sökprofilerna. För detta förs objekten in i matchningsportalen och de respektive parametrarna stäms av och kopplas ihop.

Efter denna avstämning skapas en matchning med motsvarande uppgifter i procent. – Från en matchning på exempelvis 50 % blir sökprofilerna i programvaran synliga.

De enskilda parametrarna vägs mot varandra (punktsystem), så att man efter en avstämning av parametrarna får en procentsats för matchningen (sannolikhet för överensstämmelse). – Exempelvis viktas parametern "objekttyp" högre än parametern "boendeyta". Vidare kan vissa parametrar (t.ex. källare) väljas ut, som måste ingå i den önskade fastigheten.

I samband med avstämningen av parametrarna för matchningen bör ses till att fastighetsmäklarna endast ges tillgång till sina önskade (bokade) regioner. Detta minskar insatsen för dataavstämningen. Framför allt då fastighetsmäklarna ofta arbetar regionalt. – Här bör nämnas att en lagring och bearbetning av stora datamängder numera är möjligt genom det så kallade "molnet".

För att garantera en professionell fastighetsförmedling, får endast fastighetsmäklare tillgång till sökprofilerna.

Härtill ingår fastighetsmäklarna ett avtal med matchningsportalens operatör.

Efter en avstämning/matchning får fastighetsmäklarna kontakta de sökande och de sökande kan kontakta mäklarna. Detta betyder även att då fastighetsmäklaren skickar en objektbeskrivning till den sökande, dokumenteras ett tjänstgöringsbetyg resp. mäklarens anspråk på mäklarprovision vid ett eventuellt köp eller en uthyrning.

Detta förutsätter att fastighetsmäklaren från ägarens sida (säljare eller uthyrare) fått i uppdrag att förmedla objektet eller att samförstånd föreligger att denna får erbjuda objektet.

6. Användningsområden

Den här beskrivna fastighetsmatchningen är användbar för försäljning och uthyrning av fastigheter inom den kommersiella och privata sektorn. För kommersiella fastigheter krävs vederbörliga extra fastighetsparametrar.

Såsom redan ofta är fallet, kan en sökande även vara en fastighetsmäklare, som exempelvis agerar på uppdrag av en kund.

Geografiskt sett kan denna matchningsportal för fast egendom tillämpas på närapå alla länder.

7. Fördelar

Denna fastighetsmatchning ger stora fördelar för de sökande, när de exempelvis söker en fastighet i sin egen region (hemort) eller i en annan stad/region på grund av byte av arbetsplats.

De lägger in sin sökprofil en gång och får passande objektbeskrivningar skickade till sig från mäklare som arbetar inom den önskade regionen.

För fastighetsmäklarna innebär det här stora fördelar när det gäller effektivitet och tidsbesparing för försäljning resp. uthyrning.

De får en direkt översikt över hur hög potentialen är från konkreta sökande för de respektive objekt som de erbjuder.

Vidare kan fastighetsmäklarna vända sig direkt till sina relevanta målgrupper, som genom att skapa en sökprofil har angett konkreta tankar rörande sina fastighetsönskningar (bland annat skicka objektbeskrivningar).

Härigenom höjs kvalitén på kontakttagandet gentemot sökande som vet vad de vill ha. Därigenom minskar antalet visningsbokningar. – Därmed minskas hela marknadsföringstidsrymden för de fastigheter som ska förmedlas.

I anslutning till visningen av de fastigheter som ska förmedlas följer – som vanligt – ett köpe- eller hyresavtal.

8. Exempelräkning (potential) – endast lägenheter och hus för egen användning (exklusive uthyrningslägenheter och -hus samt kommersiella fastigheter)

I följande exempel blir det tydligt vilken potential matchningsportalen har.

I ett område med 250 000 invånare, som staden Mönchengladbach i Tyskland, finns det statistiskt sett 125 000 hushåll (2 invånare per hushåll). Den genomsnittliga flyttfrekvensen är cirka 10 %. Följaktligen flyttar 12 500 hushåll årligen. – Härvid togs inte hänsyn till saldot för inflyttning och flytt till resp. från Mönchengladbach. – Av dessa söker cirka 10 000 hushåll (80 %) ett hyreskontrakt och cirka 2 500 hushåll (20 %) letar efter en fast egendom att köpa.

Enligt staden Mönchengladbachs expertkommittés fastighetsmarknadsrapport genomfördes 2 613 fastighetsköp under 2012. –

Detta bekräftar det tidigare nämnda antalet intresserade köpare på 2 500. Detta är i verkligheten ännu fler, eftersom alla sökande inte har hittat vad de letar efter. Uppskattningsvis blir antalet faktiska sökande, respektive mer konkret blir antalet sökprofiler dubbelt så högt, som den genomsnittliga flyttfrekvensen på cirka 10 %, nämligen 25 000 sökprofiler. Detta omfattar bland annat, att de sökande kan skapa flera sökprofiler i matchningsportalen.

Nämnvärt är även att enligt vad erfarenheten har visat, har hälften av alla sökande (köpare och hyresgäster) hittat sina objekt via en fastighetsmäklare, följaktligen totalt 6 250 hushåll.

Sökt har dock erfarenhetsmässigt minst 70 % av alla hushåll över fastighetsportaler på internet, följaktligen totalt 8 750 hushåll (motsvarar 17 500 sökprofiler).

Om 30 % av alla sökande, det vill säga 3 750 hushåll (motsvarar 7 500 sökprofiler) i en stad som Mönchengladbach skapar en sökprofil i fastighetsmatchningsportalen (app – applikation), kan de anslutna fastighetsmäklarna per år erbjuda fastigheter till 1 500 konkreta sökprofiler (20 %) för intresserade köpare och 6 000 konkreta sökprofiler (80 %) för intresserade hyresgäster.

Det vill säga, vid en genomsnittlig sökperiod på 10 månader och ett exempelvist pris på 50 euro per månad för varje upprättad sökprofil ges för 7 500 sökprofiler en omsättningspotential på 3 750 000 euro per år i en stad med 250 000 invånare.

Vid en prognos för Tyskland med dryga 80 000 000 (80 miljoner) invånare ger detta en omsättningspotential på 1 200 000 000 euro (1,2 miljarder euro) per år. – Om exempelvis 40 % av alla sökande skulle söka sina fastigheter via matchningsportalen istället för bara 30 % av alla sökande, skulle omsättningspotentialen höjas till 1 600 000 000 euro (1,6 miljarder euro) per år.

Denna omsättningspotential avser endast lägenheter och hus för egen användning. Uthyrnings- resp. inkomstbringande fastigheter inom sektorn bostadsfastigheter och den totala sektorn kommersiella fastigheter är inte inberäknade i den här potentialberäkningen.

Med cirka 50 000 företag i Tyskland inom sektorn fastighetsförmedling (inklusive delaktiga byggföretag, fastighetsmäklare och andra fastighetsbolag) med cirka 200 000 anställda och en exempelvis andel på 20 % av dessa 50 000 företag, som använder denna fastighetsmatchningsportal med i genomsnitt 2 licenser, ges vid en exempelvis avgift på 300 euro per månad per licens en omsättningspotential på 72 000 000 euro (72 miljoner euro) per år. Därutöver bör en regional bokning för de lokala sökprofilerna ske, så att ytterligare betydande omsättningspotential kan genereras beroende på utformning.

Fastighetsmäklarna skulle tack vare denna stora potential av sökande med konkreta sökprofiler inte längre behöva ständigt uppdatera sina eventuella egna databaser med sökande. I synnerhet som detta antal av aktuella sökprofiler troligtvis skulle överstiga antalet sökprofiler som många fastighetsmäklare har i sina databaser.

Om denna innovativa fastighetsmatchningsportal skulle tillämpas i flera länder, skulle exempelvis potentiella köpare från Tyskland kunna skapa en sökprofil för semesterlägenheter på Mallorca (Spanien) medan anslutna mäklare på Mallorca skulle kunna presentera passande lägenheter för sina tyska sökande per e-post. – Skulle de utskickade objektbeskrivningarna vara skrivna på spanska, kan de sökande snabbt och enkelt få texterna översatta online med hjälp av översättningsprogram.

För att genomföra matchningen av sökprofiler och tillgängliga fastigheter på ett språkövergripande sätt kan en jämförelse av de aktuella parametrarna utföras inom matchningsportalen, baserat på de programmerade (matematiska) parametrarna – oberoende av språket – och det aktuella språket sedan läggas till.

Vid användning av fastighetsmatchningsportalen på alla kontinenter skulle den tidigare nämnda omsättningspotentialen (endast sökande) genom en mycket förenklad prognos komma att se ut som följer.

Världsbefolkning:

7 500 000 000 (7,5 miljarder) människor

1. Befolkning i industriländer och i hög grad industrialiserade länder:

   2 000 000 000 (2,0 miljarder) människor

2. Befolkning i nyligen industrialiserade länder:

   4 000 000 000 (4,0 miljarder) människor

3. Befolkning i utvecklingsländer:

   1 500 000 000 (1,5 miljarder) människor

Den årliga omsättningspotentialen för Tyskland som uppgår till 1,2 miljarder euro vid 80 miljoner invånare räknas om resp. prognoseras med följande faktorer på industriländer, nyligen industrialiserade länder och utvecklingsländer.

1. Industriländer: 1,0

2. Nyligen industrialiserade länder: 0,4

3. Utvecklingsländer: 0,1

Därmed framgår följande årliga omsättningspotential (1,2 miljarder euro x befolkning (industriländer, nyligen industrialiserade länder eller utvecklingsländer / 80 miljoner invånare x faktor.

1. Industriländer: 30,00 miljarder €

2. Nyligen industrialiserade länder: 24,00 miljarder €

3. Utvecklingsländer: 2,25 miljarder €

Totalt: **56,25 miljarder €**

9. Slutsats

Denna beskrivna fastighetsmatchningsportal innebär betydande fördelar för såväl sökande (potentiella köpare och hyresgäster) som fastighetsmäklare.

1. De sökande minskar betydligt tiden de lägger ner på sökningen av lämpliga objekt eftersom de endast lägger in sin sökprofil en gång.

2. Fastighetsmäklarna får en överblick över antalet sökande som redan har konkreta önskemål (sökprofil).

3. De sökande får endast önskade resp. passande objekt (enligt sökprofil) av alla fastighetsmäklare presenterade för sig (så att säga ett automatiskt förurval).

4. Fastighetsmäklarna kan minska sina insatser för att ta hand om egna databaser för sökprofiler, eftersom ett mycket högt

antal aktuella sökprofiler står till ständigt förfogande.

5. Då endast kommersiella säljare/fastighetsmäklare är anslutna till portalen, har de sökande att göra med professionella och ofta erfarna fastighetsförmedlare.

6. Fastighetsmäklarna minskar antalet visningar och på det hela taget marknadsföringsperioden. I gengäld minskas även sökarnas antal visningsbokningar samt tiden innan köpe- eller hyresavtal ingår.

7. Ägarna till fastigheter som ska säljas eller hyras ut kan också uppleva en tidsbesparing. En ytterligare ekonomisk fördel är en mindre andel tomma hyresobjekt samt en tidigare betalning av köpesumman vid försäljning av fast egendom tack vare snabbare uthyrning resp. snabbare köp.

Genom att förverkliga detta koncept för fastighetsmatchning kan man väsentligt förbättra fastighetsförmedlingen.

10. Integrering av fastighetsmatchningsportalen i en ny fastighetsmäklarprogramvara med fastighetsvärdering

Som avslutning kan eller bör den här beskrivna fastighetsmatchningsportalen vara en integrerad huvudsaklig beståndsdel i en ny fastighetsmäklarprogramvara som helst kan användas på ett världsomfattande vis. Det vill säga att fastighetsmäklarna kan antingen använda fastighetsmatchningsportalen som ett komplement till egen fastighetsmäklarprogramvara eller ännu bättre använda den nya fastighetsmäklarprogramvaran tillsammans med fastighetsmäklarportalen.

Genom integreringen av denna effektiva och innovativa fastighetsmatchningsportal i egen fastighetsmäklarprogramvara åstadkoms fundamentala särskiljande egenskaper för fastighetsmäklarprogramvaran, som kommer att vara betydande för spridningen på marknaden.

Då fastighetsvärdering är och förblir en väsentlig del inom fastighetsförmedling, bör ett verktyg för fastighetsvärdering ovillkorligen integreras i fastighetsmäklarprogramvaran. Fastighetsvärderingen med vederbörliga beräkningssätt kan genom sammankopplingar få åtkomst till de relevanta uppgifterna/parametrarna rörande de inlagda objekten. Eventuella saknade parametrar kan fastighetsmäklaren komplettera genom sin egna regionala expertis.

Därutöver bör det i fastighetsmäklarprogramvaran ges möjlighet att integrera så kallade virtuella fastighetsrundturer för de tillgängliga objekten. Detta skulle exempelvis kunna omsättas förenklat, genom att man utvecklar en app (applikation) för mobiltelefon och/eller surfplatta som efter genomförd filmning av den virtuella fastighetsrundturen automatiskt integrerar denna i fastighetsmäklarprogramvaran.

Om den effektiva och innovativa fastighetsmatchningsportalen är integrerad i en ny fastighetsmäklarprogramvara tillsammans med fastighetsvärdering, höjs härmed den möjliga omsättningspotentialen ytterligare.

Matthias Fiedler

Korschenbroich, den 31/10-2016

Matthias Fiedler

Erika-von-Brockdorff-Str. 19

41352 Korschenbroich

Tyskland

www.matthiasfiedler.net